QUELQUES IDÉES

SUR LES VÉRITABLES INTÉRÊTS ACTUELS

D'ANNONAY

ET

DE SES ENVIRONS.

AU CONSEIL MUNICIPAL

ET AUX HABITANTS DE LA VILLE

D'ANNONAY

ET DE SES ENVIRONS.

QUELQUES IDÉES

SUR LES VÉRITABLES INTÉRÊTS ACTUELS

D'ANNONAY

ET

DE SES ENVIRONS.

PAR

M. C. A. DE CHALLAYE,

EX-GÉRANT DES CONSULATS DE FRANCE,
EN CHINE ET A VENISE,
CHEVALIER DE L'ORDRE PONTIFICAL
DE ST-SYLVESTRE RÉFORMÉ,
PROPRIÉTAIRE
DANS LE DÉPARTEMENT
DE L'ARDÈCHE.

Cives et semper Cives.

Annonay,

IMPRIMERIE ET LIBRAIRIE DE PRODHON.

1846.

PRÉFACE.

Issu d'une famille qui pendant plusieurs siècles, habita les anciennes provinces du Forez et du Beaujolais, je me suis livré à quelques recherches généalogiques qui m'ont conduit à retracer son origine dans les lieux où elle prit naissance et, à y faire l'acquisition d'une petite propriété dont elle porte le nom et sur laquelle j'ai commencé la construction d'une modeste habitation.

L'intérêt tout naturel que devait m'inspirer mon ancien pays, m'a engagé à y faire quelques courtes apparitions toutes les fois que mes occupations me l'ont permis, et me porte maintenant à examiner sa situation actuelle, et à rechercher quelles sont les diverses améliorations dont elle peut être susceptible.

J'ai été accueilli avec une bienveillance si particulière par toutes les personnes avec lesquelles je me suis trouvé en relations depuis mon premier voyage dans l'Ardèche, que j'ai une entière confiance dans leur indulgence. — Je la réclame donc, sans crainte en faveur des idées que je vais développer et que je soumets à leur appréciation.

Cives et semper Cives.

Les premières notions qui nous sont transmises par l'histoire sur la ville d'Annonay, font remonter son origine à l'époque de la conquête des Gaules par les Romains.

Frappé des avantages que présentait sa position sous le rapport militaire, Jules César y établit un entrepôt de vivres et elle reçut le nom d'*Annona*, divinité romaine qui présidait aux comestibles et aux provisions de ménage.

En l'an 400 de l'Ere chrétienne, des ouvriers en parchemin s'y établirent: leur industrie ayant pris progressivement un développement considérable, donna naissance plus tard, aux nombreux établissements de Mégisserie auxquels cette ville doit principalement son importance actuelle.

Les mémoires historiques de M. Poncer jeune, nous apprennent qu'au douzième siècle, elle fut gouvernée par des seigneurs, dont les premiers sortirent de l'illustre maison des comtes de Forez : — elle passa successivement aux dauphins de Viennois, à l'église de Lyon, aux seigneurs de Roussillon, aux seigneurs de Villars en Bresse, à la maison de Lévy, aux ducs de Bourbonnais, comtes de Forez, et depuis la révolte de Charles de Bourbon, Connétable de France, elle fut unie avec le surplus des terres de ce prince, au domaine du Roi; mais le duc de Vantadour ayant poursuivi la substitution des biens de Lévy, Annonay rentra sous son gouvernement, et par la suite sous celui de la maison de Rohan, prince de Soubise, jusqu'à la Révolution de 1789, époque où les seigneuries furent abolies en France.

Peu considérable encore vers la fin du siècle dernier, la ville d'Anonnay a vu son importance s'accroître avec une rapidité extraordinaire dans l'espace des quarante dernières années qui viennent de s'écouler.

Pendant longtemps, sa position géographique y avait attiré des pays environnants, des marchandises de toute nature qui venaient s'y entasser comme dans un vaste entrepôt, d'où elles étaient expédiées ensuite selon les besoins et les circonstances. Mais lorsque les perfectionnements apportés aux grandes voies de communication, lui firent perdre le caractère de ville d'entrepôt, pour ne lui laisser que celui de ville de transit, il se produisit une grande modification dans son existence et dans sa position.

Nous lui voyons donc faire des progrès rapides sous le Consulat et sous l'Empire, s'arrêter pendant les premières années de la Restauration, par suite de la cessation du système continental qui lui avait été très-favorable, et reprendre ensuite son essor lorsque de commerçante qu'elle était, elle devint industrielle.

A la fin du siècle dernier, elle ne comptait guère plus de quatre à cinq mille habitants : le recensement de 1815 donne un chiffre de sept mille cinq-cents, et sa population actuelle s'élève jusqu'à près de douze mille âmes.

Placée près du confluent de deux petites rivières, la Deume et la Cance, la ville d'Annonay est construite dans une espèce d'entonnoir formé par plusieurs collines, sur les parois desquelles ses hautes maisons s'élèvent en amphitéâtre les unes au dessus des autres.

Avant les grands travaux commencés sous le Consulat pour l'amélioration des voies de communication de la France, il était presqu'impossible de parvenir avec une voiture jusqu'à Annonay.

Resserrées entre des gorges étroites, les rues de la ville se frayaient à grand peine des passages tortueux le long des escarpements de ces grands rochers granitiques qui lui donnent un aspect si pittoresque et conduisaient à des routes peu nombreuses et mal entretenues.

Chacun se rappelle encore le temps où les seules routes qui existassent autour de cette ville, étaient de mauvais chemins ou plutôt des sentiers à peine praticables aux voitures, et sur lesquels les grands transports des objets les plus volumineux, devaient se faire à dos de mulets.

L'administration supérieure éclairée par les réclamations des principaux citoyens d'Annonay, se décida à entreprendre de nouvelles routes qui donnèrent immédiatement aux diverses fabriques de la ville, les moyens d'écouler facilement leurs produits. Des sacrifices furent faits par plusieurs fabricants pour ouvrir dans l'intérieur de la ville, des voies nouvelles aux produits des manufactures qu'ils avaient créées et qui, placées à peu de distance des routes, ne pouvaient cependant communiquer avec elles sans de très-grandes difficultés.

La conséquence de ces grands travaux, fut un accroissement de la prospérité publique qui amena une augmentation dans les ressources de la ville :

elle se trouva ainsi bientôt en mesure d'entreprendre de nouvelles améliorations. Les vieilles portes des remparts furent abattues, les rues furent redressées, élargies et mieux pavées ; leurs pentes adoucies et leur direction calculée de manière à les mettre en communication facile avec les principales routes auxquelles elles devaient aboutir.

La place du collége, qui autrefois formait le jardin du couvent de l'ordre des Cordeliers, fut régularisée autant que pouvaient le permettre les circonstances et devint bientôt le centre de la ville, à laquelle elle offre un vaste local pour y tenir son marché, et en même temps un point de rencontre et de promenade, sur lequel les habitants et les étrangers trouvent réunis les magasins, les hôtels, les administrations de diligences, les cafés et le nouveau cercle.

Si nous suivons le cours des deux rivières qui viennent se joindre au dessous d'Annonay, nous rencontrons une foule de propriétés d'agrément et d'établissements industriels qui occupent un nombre considérable d'ouvriers. Les grandes fabriques de MM. de Canson, de Montgolfier, Bechetoile, Johannot et Chapuis, les fabriques et les filatures de soie de MM. Blachier, Menet et Durand frères ; les nombreuses mégisseries, la vaste pépinière et le superbe jardin botanique de M. Jacquemet-Bonnefont viennent attester hautement la prospérité à laquelle sont parvenus les habitants de cette belle contrée.

Nous ne devons pas passer sous silence deux établissements qui viennent de se former à Annonay, et qui seront prochainement terminés : nous voulons parler des nouveaux abattoirs dont la construction bien appropriée aux circonstances locales, ne laisse rien à désirer, et de l'usine qui éclaire la ville au gaz, et dont les travaux ont été habilement dirigés par M. Soulière.

En terminant ici cet aperçu aussi rapide qu'imparfait du passé et de l'état actuel de la ville d'Annonay, la reconnaissance nous impose le devoir d'attirer un instant l'attention de nos lecteurs sur les bienfaits incessants que lui a rendus en toutes circonstances, son honorable député M. Tavernier, qui est à si juste titre en possession de l'honneur de la représenter à la chambre élective depuis 1830, époque où fut formé l'arrondissement électoral d'Annonay.

Il est impossible à tout esprit un peu observateur de méconnaître le grand principe qui régit les institutions humaines : elles sont soumises à une loi impérieuse de variation et par conséquent de progrès ascendant ou descendant ; — elles doivent croître ou décroître. Les deux périodes se croisent et se mêlent souvent, il est vrai ; ainsi, après avoir fait des pas de géant dans la voie du progrès, on voit quelquefois ces institutions s'arrêter et retrograder même, pour reprendre ensuite leur essor avec une vigueur nouvelle — ou pour disparaître entièrement; — mais Dieu leur a interdit de rester stationnaires.

Nous sommes trop heureux d'avoir pu constater que la ville d'Annonay se trouve aujourd'hui dans la période de progrès ascendant, pour négliger de nous livrer à l'examen des diverses causes qui peuvent la maintenir dans cette voie. Nous allons donc passer en revue quelques unes des améliorations qu'il nous est permis d'espérer dans l'avenir, et dont la réalisation lui assurerait pour longtemps une position des plus brillantes.

Si nous examinons avec quelqu'attention, la configuration géographique du département de l'Ardèche, nous reconnaîtrons de suite, qu'il n'existe aucune proportion entre sa longueur et sa largeur. — Il s'étend en effet sur la rive droite du Rhône, dans une distance de cent douze kilomètres, tandisque vers le centre, sa plus grande largeur n'est que de soixante-quatre kilomètres, c'est-à-dire d'un peu plus de moitié.

On sait que les départements les mieux tracés de la France, sont ceux dont les limites sont renfermées dans des polygones à peu près réguliers, et se rapprochant le plus possible d'un cercle. Ceux qui réunissent à cette forme, l'avantage d'avoir pour chef-lieu, une ville importante placée à peu près à leur point central, sont évidemment dans les conditions d'administration les plus favorables. Mais cette dernière considération est tout-à-fait secondaire cependant, quand elle se trouve en présence de considérations d'un ordre beaucoup plus élevé, telles que celles qui résultent de l'importance industrielle et commerciale d'une grande ville placée à l'extrémité du département.

De toutes les villes du département de l'Ardèche, celle d'Annonay est assurément la plus peuplée et la plus importante, et par une anomalie aussi injuste que singulière, la préfecture et les sous-préfectures ont été établies dans des villes qui, sous tous les rapports, lui sont de beaucoup inférieures.

Nous sommes entièrement persuadés qu'il y aurait un avantage réel pour les habitants des départements de la Haute-Loire et de l'Ardèche, à opérer actuellement quelque changements dans leurs limites, dans leurs circonscriptions et dans leurs centres administratifs. Tous les esprits raisonnables reconnaîtront d'ailleurs, que par la force des choses, et des faits accomplis, ces changements, s'ils ne s'opèrent pas encore maintenant, deviendront inévitables dans un avenir qui ne peut être bien éloigné.

— 17 —

Nous poserons devant nos lecteurs, deux systèmes qui offriraient tous deux, quel que soit celui qui pourrait être suivi, des avantages incontestables pour la ville d'Annonay, et entre lesquels, l'administration supérieure aurait à choisir, après avoir mûrement examiné toutes les conséquences auxquelles ils pourraient donner naissance, et toutes les questions qui se rattacheraient à leur adoption.

Le premier système consisterait à enlever au département de l'Ardèche toute la pointe septentrionale au centre de laquelle se trouve Annonay, et à l'incorporer au département de la Haute-Loire, dont la limite viendrait alors passer à Satillieu et rejoindrait le Rhône en face de St-Vallier. Dans cette hypothèse, Annonay deviendrait une sous-préfecture du département de la Loire, dont le chef-lieu doit être infailliblement tôt ou tard, transféré de Montbrison à St-Etienne.

Dans le second système rien ne serait changé aux limites territoriales : le département de l'Ardèche serait dans des conditions analogues à celles de beaucoup d'autres départements de la France dans lesquels le chef-lieu se trouve placé à une de leurs extrémités : — la préfecture serait établie à Annonay et Privas deviendrait une simple sous-préfecture.

Nous ne croyons pas avoir besoin de développer ici toutes les raisons qui militent en faveur de ces diverses propositions. Quand des changements admi-

nistratifs sont aussi évidemment imminents, comme nous l'avons dit plus haut, par la force même des choses et des faits accomplis, il est complètement superflu d'entrer dans les détails des nombreux arguments sur lesquels ils s'appuient.

Pour nous résumer en quelques mots, nous croyons, et tous les gens éclairés en conviendront sans doute avec nous, que, dans un avenir assez prochain, la ville d'Annonay doit nécessairement être élevée au rang d'un chef-lieu de département ou tout au moins d'arrondissement.

Traversée par deux petites rivières aux eaux pures et rapides, Annonay manque néanmoins d'eau potable pendant l'été, lorsque les grandes chaleurs viennent dessécher leurs lits : les nombreuses usines et surtout les soixante Mégisseries qui constituent la principale industrie de la ville, absorbent entièrement toutes leurs eaux, et il serait impossible d'en détourner une dérivation quelconque, sans causer à ces utiles établissements un préjudice considérable. Il serait donc à propos d'employer un moyen artificiel qui permettrait de distribuer abondammment de l'eau en ville, sans en distraire cependant du cours des deux rivières.

Dans notre humble opinion, le système le plus simple, le plus certain et le plus économique, serait de pouvoir former sur un point élevé, placé au sommet de l'une des collines qui dominent la ville, un ou plusieurs vastes réservoirs couverts, bâtis avec soin, garnis d'un revêtement de ciment impénétrable aux infiltrations et qui seraient alimentés toute l'année par les eaux du ciel ou par celles des sources supérieures.

Nous proposerions même d'adopter pour leur construction, le système employé pour celle des citernes de Venise : elles se composent de deux murs concentriques, l'un intérieur en pierres sèches, l'autre extérieur en pierres ou en briques cimentées, et dont l'intervalle est rempli par une couche d'une assez grande épaisseur de sable excessivement fin, formant un véritable filtre au travers duquel passent les eaux qui arrivent pures et limpides dans la citerne. Quelques gros tuyaux de conduite amèneraient les eaux sur les places principales, d'où elles seraient distribuées par des tuyaux d'un plus petit diamètre, dans les maisons particulières qui éviteraient ainsi un transport aussi pénible que dispendieux. Les places recevraient des bornes fontaines dont les eaux laveraient les rues et y répandraient une fraicheur salutaire.

Ces réservoirs pourraient être établis sur la place du Champ de Mars, où ils se trouveraient dans une position dominante. La vaste étendue de cette place permettrait d'y recueillir à l'époque des pluies et à la fonte des neiges, une quantité d'eau plus considérable que partout ailleurs.

A l'occasion de la place du Champ de Mars, nous devons appeler l'attention de l'administration sur les avantages que sa position offrirait pour établir une caserne sur celui de ses cotés qui est occupé maintenant par le café des Arts et Métiers.

La nombreuse population d'Annonay, composée pour une très-grande partie, d'ouvriers que des gens mal intentionnés entraîneraient facilement dans des démonstrations nuisibles à leurs propres intérêts, les difficultés sans nombre que les dispositions locales présentent à l'application des mesures de police, réclament impérieusement la présence d'une force militaire capable de maintenir l'ordre et de faire respecter les lois.

Comme nous l'avons exposé plus haut, de grands sacrifices ont été faits pour la rectification des moyens de communications, qui, pour la plupart, laissent maintenant peu de chose à désirer dans les environs immédiats de la ville d'Annonay. Nous pensons cependant, qu'il serait possible d'améliorer la route de Vernosc, en lui faisant faire un circuit en zig-zag dans une prairie située à peu de distance de la ville.

Les nombreux perfectionnements apportés à la route de St.Etienne à Annonay, ont déterminé l'administration des postes à éviter la traversée par Lyon, qui s'est ainsi vu dépouillée du passage de la malle-poste de Paris à Marseille. Mais il reste encore un grand pas à faire pour compléter cette ligne : elle deviendrait beaucoup plus courte s'il était possible de mettre à exécution le beau projet de M. le comte de l'Estranges, qui, comme on le sait, consiste à faire suivre à la route le cours de la Cance, jusqu'à son embouchure dans le Rhône. Malheureusement de nombreux obstacles s'y opposent, car, la Cance, encaissée dans un lit torrentueux, entre des montagnes de granit âpres et sauvages, reçoit un très-grand nombre de petits affluents, sur lesquels il faudrait établir des ponts et divers ouvrages d'art : on peut prévoir aisément que cette route devra être sculptée et entaillée dans le roc vif et les contre-forts des montagnes, avec des peines et des dépenses infinies. Elle présenterait cependant des avantages si évidents, que, sauf un fort petit nombre de propriétaires mal informés, tous les autres ont généreusement offert à titre gratuit, les terrains sur lesquels son tracé devrait passer.

Dans le cours des différents voyages que nous avons faits aux environs d'Annonay, nous avons pu nous convaincre que s'il reste peu de chose à faire pour l'amélioration des routes royales et départementales, il n'en est pas de même pour ce qui regarde les chemins vicinaux, qui sont dans un état d'imperfection déplorable, et sont à peine praticables même pour les chevaux du pays ; — les limites de notre cadre ne nous permettant pas d'entrer dans des détails plus circonstanciés, nous serons obligés de nous borner à signaler quelques améliorations pour les parties que nous avons été à même d'étudier plus spécialement.

La portion de la route d'Annonay à St-Agrève, qui est comprise entre cette ville et St-Bonnet, est fort mal tenue et laisse beaucoup à désirer : — elle n'est pas macadamisée, ce qui en fait un cloaque pendant l'hiver et surtout aux époques de dégel : — elle est mal tracée, exposée à des vents qui y forment des amas considérables de neige et la rendent impraticable pendant la plus grande partie de l'hyver. — En présence des difficultés de toute nature qu'elle présente, il conviendrait de réunir au moyen d'un chemin de grande communication, la route qui d'Annonay arrive à la Louvesc en passant par Satillien, au réseau des routes de St-Agrève. Ce chemin passerait de la Louvesc à Rochepaule, puis à St-Agrève et mettrait ainsi en rapport des communes qui se trouvent maintenant entièrement isolées les unes des autres et n'ont aucun moyen de transporter leurs produits. Ce tracé est déjà fait en grande partie par les hommes de l'art et il est exécuté sur les deux tiers du parcours de la Louvesc à Rochepaule sur une largeur de trois mètres.

De la route qui, de Montfaucon, se dirige sur St-Bonnet, se détache à peu de distance du bois de la Colonge, un embranchement qui doit rejoindre après Montivert, la route de St-Bonnet à St-Agrève.

Toute la portion de cet embranchement qui se trouve sur le territoire de la haute Loire, est parfaitement terminée; quand à celle qui se trouve sur le département de l'Ardèche, elle est encore à faire, quoiqu'elle ne consiste que dans une distance de deux kilomètres environ. Son achèvement serait d'une utilité incontestable pour toutes les communications entre St-Etienne et le haut Vivarais, qui desservent une foule de localités, telles que Dunières, St-Agrève, Vernoux, la Mastre, etc., etc. Il faut donc espérer que le conseil général de l'Ardèche, qui a déjà tant fait dans l'intérêt de ce pays, ne voudra pas rester en arrière devant les améliorations exécutées dans le département de la Haute Loire, et tiendra à faire terminer une route aussi nécessaire.

Jusqu'ici, les portions montagneuses de la France, à raison des difficultés locales que présente leur constitution géologique, ont participé faiblement aux bienfaits que les grands travaux d'utilité publique ont répandu sur les autres parties de son territoire; cependant, par cela même qu'elles se trouvent placées par la nature, dans des circonstances moins avantageuses que les autres, il nous semble que non seulement elles ne doivent pas être déshéritées, mais encore qu'elles doivent inspirer au gouvernement et à l'administration, une sympathie d'autant plus vive.

S'il en était autrement, certaines parties du royaume s'enrichiraient d'une manière démesurée au détriment des autres. Or, il est du devoir d'un gouvernement sage et éclairé, de chercher à maintenir un équilibre aussi parfait que possible, entre les diverses contrées soumises à ses lois.

Le chemin de fer d'Orléans, qui doit venir rejoindre celui de Roanne à St-Etienne, en passant par Vierzon, Bourges et Moulins, peut-il s'arrêter à St-Etienne? Assurément non : il doit venir s'unir à la grande ligne de Lyon à Marseille, pour mettre en communication avec elle, les provinces centrales de la France.

Ainsi, de grands sacrifices devront être faits par toutes les populations intéressées à ce parcours, afin que cette ligne soit complétée, et nous sommes assurés qu'en présence des avantages qu'elles pourront en retirer, elles n'hésiteront pas à concourir de tous leurs moyens à son achèvement.

De St-Etienne, le chemin se dirigerait en longeant la rive gauche de la Deume, sur les bords de laquelle sont disséminés un grand nombre d'établissements industriels, par Bourg Argental sur Annonay, puis, en suivant la vallée de la Cance il viendrait se mettre en communication à St-Vallier avec la ligne de Lyon à Marseille et par elle, en remontant un peu vers le Nord, avec l'embranchement qui, de St-Rambert, se dirige sur Grenoble.

Nous mentionnerons ici, comme un projet exécutable dans l'avenir, au moyen de plans inclinés et de courbes à petits rayons, celui qui aurait pour objet de détacher de St-Etienne, une ligne d'embranchement dont nous allons indiquer la direction générale.

Se dirigeant de St-Etienne sur Montfaucon et Issengeaux, elle viendrait passer au Puy, d'où elle s'élèverait sur la chaîne de montagnes qui sépare la vallée de la Loire de celle de l'Allier — remonterait le cours de l'Allier, jusqu'au point de partage des eaux, en passant par Pradelles, Langogne et Chateau-neuf Random, et arriverait à Mende.

De cette dernière ville, en suivant le cours du Lot, elle parviendrait à Rhodez, par Chanac, Canourge, St-Geniez et Bozouls : — de Rhodez à Alby par Naucelle et Pampelonne : — longeant les bords du Tarn, elle passerait à Gaillac, l'Isle, Rabastens et Montastruc, et rejoindrait enfin à Toulouse le chemin de fer de Bordeaux à Cette.

Quand à l'utilité réelle de la ligne que nous venons de tracer, il suffira, nous l'espérons, d'entrer dans quelques considérations générales pour la démontrer.

Si nous examinons le réseau des divers chemins

de fer de la France, nous remarquerons que toutes ces grandes voies viennent aboutir à la Capitale, et sont tracées dans des directions qui tendent généralement à se rapprocher de la ligne Nord et Sud.

Il n'y a dans le midi, qu'une seule ligne de fer qui ait reçu la direction de l'Ouest à l'Est : c'est celle qui doit se rendre de Bordeaux à Cette, pour réunir l'Océan à la Méditerranée.

Ainsi, indépendemment des grands débouchés qu'elle procurerait à une foule de villes intermédiaires, la ligne d'embranchement que nous proposons de St- Etienne à Toulouse, établirait la communication non seulement entre l'Ouest et l'Est de la France, mais encore entre les côtes de l'Océan, l'Espagne et le Portugal, avec le Piémont, la Suisse et toute l'Allemagne.

Nous avons dit que la place du collége offrait un local fort utile pour le marché : mais l'immense affluence de population, d'animaux et de véhicules de toute espèce, les nombreux approvisionnements en denrées de natures diverses, qui arrivent des environs, se trouvent tellement entassés sur les différentes places et dans les rues principales de la ville, que dans ces circonstances, l'action de la police se trouve paralisée et que la circulation est presqu'entièrement interceptée. Aussi, depuis longtemps déjà, on éprouve le besoin d'agrandir les places de la ville d'Annonay; — la configuration si accidentée du sol sur lequel elle est établie, présente de très-grandes difficultés, — les surfaces planes y sont très-rares. — Il nous est donc venu à l'esprit que, si dans un avenir plus ou moins rapproché, l'état des ressources de la ville lui permettait d'entreprendre de grands travaux d'utilité publique, elle devrait chercher à augmenter les dimensions de l'une de ses places centrales.

Des travaux dignes des Romains ont été exécutés depuis peu sur la place d'Armes et sur celle de l'Hôtel de Ville, mais ces deux emplacements sont déjà un peu trop éloignés du principal mouvement des affaires.

Si nous examinons l'état présent de la place de l'Eglise Notre Dame, nous reconnaitrons qu'elle est tout-à-fait insuffisante pour les besoins actuels. Nous nous hazarderons donc à émettre ici une idée dont l'application ne rencontrerait pas sans doute, des difficultés aussi sérieuses qu'on pourrait le supposer.

L'Eglise de Notre Dame, seule et unique paroisse d'Annonay, enterrée sous de hautes murailles qui lui donnent un aspect sépulchral et dans laquelle il faut descendre par un escalier dangereux pour les femmes et les vieillards, incommode pour tout le monde, est beaucoup trop petite pour la masse des fidèles qui viennent s'y réunir dans les jours de grandes solennités. On a cherché à remédier à son exiguité par la construction de galeries latérales, dans lesquelles les assistants sont mal placés pour assister au service Divin : — Ses abords sont difficiles et son entrée est cachée dans une petite rue sombre et étroite : — enfin elle se trouve éloignée de son Clocher, ce qui est fort gênant dans les détails du service d'une paroisse dans l'étendue de laquelle on compte de dix à onze mille habitants. On peut dire même qu'elle manque complètement de Clocher, depuis que le sien est tombé en ruines, puisqu'elle est obligée d'avoir recours à un Clocher voisin, appartenant anciennement aux chanoines de St-Ruf.

L'examen des diverses circonstances que nous venons d'énumérer nous a conduits à rechercher quels pourraient être les moyens de remédier à un pareil état de choses, aussi funeste à la cause de la Religion, qu'aux véritables intérêts de la ville.

Nous poserons d'abord en principe, que l'Eglise actuelle ne doit pas être conservée pour le Culte. — Si on ne veut pas la démolir, on pourrait, au moyen de quelques travaux comparativement faciles et peu dispendieux, la convertir en un marché couvert dans lequel seraient établies des boutiques, qui seraient avantageusement louées par la ville et constitueraient en sa faveur un revenu assez important. La place à l'une des extrémités de laquelle elle se trouve, serait nivelée et régularisée par la destruction d'un côté, des maisons Chapuis et Fauritte qui bordent la route royale, et de l'autre, par celle des maisons Fuchey et Fauritte qui sont adossées au Temple lui-même.

En évaluant la somme qui serait nécessaire pour l'acquisition de ces propriétés, á *cent mille francs* et les travaux destinés à convertir l'église en un marché couvert, ainsi que les frais de démolition des quatre maisons, ceux de nivellement et de remblais à *dix mille francs*, nous aurions obtenu une place superbe, vaste et régulière, et un marché couvert — pour *cent dix mille francs*. — Mais nous n'aurions plus d'Eglise, et, avant de détruire celle qui existe, il faut songer à en construire une autre et à choisir un emplacement convenable pour cet objet.

Ici deux projets sont en présence :

Le premier serait de prendre l'espace compris entre la rue de Tournon et la montée qui conduit à la demeure de M. Tavernier ; il entrainerait l'acquisition et la démolition des maisons de MM. de Canson, Vercasson, Riboulon, Alléon et Bonnefont.

La dépense d'acquisition de ces maisons
peut-être évaluée à 167,000
Démolition remblais et soutennement à   20,000

TOTAL 187,000

Le second projet rejetterait l'Eglise nouvelle un

peu plus haut, sur la place Grenette, dont il faudrait agrandir considérablement les dimensions, par la démolition d'un côté, des maisons de MM. Duret et Deschamp, de l'autre, de toute l'Ile dans laquelle se trouvent les maisons de MM. Giraud et Presles.

Dépense d'acquisition présumée . . . 200,000
Démolition remblais et soutennement . 20,000

TOTAL 220,000

Le premier projet présenterait donc un avantage de 33,000 francs et aurait en outre celui de placer l'Eglise dans une position plus centrale.

Dès que la question de l'emplacement serait décidée, la ville chargerait un habile architecte de dresser le plan d'une belle et vaste Basilique dans le style gothique, à la construction de laquelle on peut dire, dès à présent, qu'il ne faudrait pas consacrer moins de *cinq cent mille francs.*

On emploierait à ces travaux tous les matériaux provenant de la démolition des diverses propriétés achetées pour mettre en exécution le plan qui aurait été définitivement arrêté : quand aux matériaux nécessaires pour l'ornementation, on les ferait aisément venir des carrières de Crussol.

Dés lors, si nos évaluations, d'ailleurs fort approximatives, ne sont pas cependant trop éloignées de la vérité, la dépense s'établirait de la manière suivante :

Premier projet	187,000
Régularisation de la place	110,000
Nouvelle cathédrale	500,000
TOTAL	797,000
Deuxième projet	220,000
Régularisation de la place	110,000
Nouvelle Cathédrale	500,000
TOTAL	830,000

Chacun se récriera sans aucun doute, sur les dépenses exorbitantes que de pareils projets entraineraient à leur suite! Nous étions préparés à cette objection et nous croyons être en mesure d'y répondre:

En augmentant l'étendue de la place de l'Eglise, nous donnons de nouvelles facilités aux transactions commerciales, et par la création du marché couvert nous augmentons les ressources de la ville, qui a dès lors un grand intérêt à contribuer pour sa part aux dépenses.

Tous les propriétaires voisins de la place, et tous ceux voisins de l'emplacement sur lequel sera établie la nouvelle cathédrale, voient leurs maisons augmenter de valeur dans une proportion considérable, et sont nécessairement disposés à prêter leur concours pécuniaire à l'exécution du projet.

Quant au clergé, il a un intérêt trop direct à voir adopter des plans qui lui sont de tous points favorables, pour que nous puissions supposer qu'il ne s'empressera pas de l'appuyer de toutes les ressources dont il pourra disposer. On peut aussi être assuré à l'avance d'obtenir des secours du département et du gouvernement.

Enfin, et c'est là surtout le point sur lequel nous devons insister, nous avons la conviction profonde que des souscriptions et des dons particuliers viendraient former en peu de temps, la majeure partie de la somme qui serait nécessaire à la mise en œuvre du projet. Nous n'aurions pas même songé à développer nos idées sur un pareil sujet, si des faits accomplis et par conséquent irrécusables, ne venaient apporter un éclatant témoignage à l'appui de nos assertions.

Nous profiterons de l'occasion qui nous est présentée par cette publication pour attirer l'attention de nos lecteurs, sur l'état de dégradation dans lequel se trouvent dans plusieurs localités, les églises et les habitations des curés qui les desservent. — Une juste impartialité nous fait un devoir d'en dire autant des Temples protestants. Quand on voit la chambre des députés vôter pour ainsi dire sans examen, des sommes énormes pour certains objets d'une utilité très-contestable, on ne peut s'empêcher de songer aux importantes améliorations qui pourraient être opérées avec une faible partie de ces crédits et aux nombreux avantages qui en résulteraient tant pour la cause de la religion que pour celle de la civilisation.

Une grande et importante question divise en ce moment les opinions des principaux habitants d'Annonay.

Il y a environ six mois, le testament de M. de Malleval est venu leur apprendre qu'il avait fait à sa patrie le legs d'une somme d'environ trois cent quatre vingt mille francs, qui devait être employée à former un établissement *durable, utile à tous et portant son nom.*

Une ordonnance royale en a autorisé l'acceptation

Il reste donc maintenant à examiner et déterminer quel peut être l'Etablissement déstiné à remplir de la manière la plus complète, les généreuses et charitables intentions de son auteur. Sans vouloir en aucune façon contester l'utilité des diverses propositions qui ont été faites jusqu'ici, nous émettrons nos idées à cet égard, avec une confiance d'autant plus grande qu'elle est basée sur une conviction profonde et sur un examen sérieux des besoins réels et des véritables intérêts bien entendus du pays et de ses habitants.

Avant d'aborder la question que nous nous sommes proposés d'étudier ici, il n'est pas hors de propos de jeter à la hâte, un coup d'œil retrospectif sur l'état de l'agriculture dans le midi de la France et spécialement dans les départements voisins d'Annonay.

Depuis l'époque où le sieur Olivier de Serres fit sous le règne de Henry IV des plantations considérables de mûriers dans les provinces du midi et publia un traité sur l'agriculture, ses progrès ont été d'une lenteur extraordinaire, et, sous ce rapport, nous sommes dans un état d'infériorité déplorable vis-à-vis de plusieurs pays de l'Europe et spécialement de l'Angleterre et de l'Allemagne. Ce n'est que depuis quelques années, qu'un petit nombre de propriétaires éclairés ont commencé à comprendre le véritable intérêt de la branche la plus importante de l'agriculture, et précisément la plus négligée jusqu'alors.

Nous voulons parler de l'élève des bestiaux qui, indépendemment de son utilité immédiate pour les travaux et les engrais de la terre, exerce sur la puissance politique d'une nation, une influence bien plus grande que celle qui pourrait lui être attribuée au premier abord.

En effet, on conviendra aisément que, si on peut faire entrer la viande pour une proportion plus considérable dans la nourriture des habitants d'un pays, ils en éprouveront promptement les conséquences bienfaisantes.

Un homme qui est bien nourri, qui mange de *bonne viande* et qui boit *du vin* ou *de la bière*, est infiniment plus fort et plus en état de résister à toute espèce de fatigue, que celui qui se nourrit de mauvais légumes bouillis et n'a d'autre boisson que des eaux nuisibles par leur crudité ou par les matières malfaisantes qu'elles contiennent en dissolution. Ces hommes *nourris avec de la viande* feront donc des ouvriers, des soldats et des marins infiniment plus robustes et contribueront tous, chacun pour leur part, et dans leur spécialité, à augmenter la prospérité intérieure et à garantir la sécurité extérieure de leur pays.

C'est donc à tort que l'on vient constamment attaquer le Ministère actuel en lui reprochant une trop grande condescendance vis-à-vis des principales puissances Européennes et spécialement de l'Angleterre! — Que veut-on? — Que le Gouvernement s'engage dans une guerre générale qui ruinera de nouveau la France? — Non, quand on n'a pas les moyens réels de dicter la loi aux autres, il faut avoir assez de résignation et de bon sens, pour savoir mettre de côté son amour-propre pour quelque temps, ménager et augmenter ses ressources, se concilier des alliés puissants, fidèles et désintéressés, et attendre que le moment soit venu, pour reprendre le haut du pavé!

Améliorez donc vos moyens de communication, perfectionnez votre agriculture, augmentez vos troupeaux, faites manger *de la viande* et boire *du vin* ou *de la bière* à tous les habitants de la France ; — vous doublerez leurs forces physiques et morales, leur intelligence et leur énergie et vous aurez alors des marins et des soldats qui vous assureront le premier rang parmi les nations de l'Europe !

Tout ce que l'on peut à juste titre demander au gouvernement, c'est qu'il encourage l'agriculture par tous les moyens possibles, et nous devons reconnaître, que, depuis quelques années, il n'a rien négligé sous ce rapport.

Dans le département de l'Ardèche, l'agriculture est redevable d'un grand nombre d'améliorations à M. Sylvestre de Canson, qui lui a donné un nouvel essor par l'introduction du système des assolements, dont l'une des principales conséquences est la culture des prairies artificielles. Mais on ne peut se refuser à l'évidence : il reste encore beaucoup à faire et il serait fort à désirer que les cultivateurs pûssent obtenir d'une manière plus pratique que théorique, les diverses informations nécessaires à l'amélioration de leurs propriétés.

Sous ce point de vue, les deux grandes fermes de M. de Dombasle, et de M. le Colonel Bella ont rendu de grands services dans le Nord de la France : quelques autres établissements analogues se sont formés dans l'Ouest et dans le Midi, mais aucun d'entr'eux ne peut être comparé aux deux premiers.

Il y a environ un an, une nouvelle ferme s'établissait dans les environs de Lyon sous le nom d'Ecole d'agriculture sans avoir rien de ce qui fallait pour lui assurer une existence utile : — égarés par des indications erronnées que leur avait fourni le Ministère de l'Agriculture et du commerce, dont on avait sans doute surpris la bonne foi, quelques parents se laissèrent persuader d'y placer leurs enfants, mais ils se virent bientôt obligés de les en retirer.

Est-il nécessaire que nous venions énumérer tous les bienfaits que pourrait rendre à l'agriculture du Midi de la France, et spécialement à celle des provinces qui environnent la ville d'Annonay, la création d'une FERME MODÈLE, qui, plus tard, une fois parvenue à un degré suffisant de prospérité, serait élevée par le Gouvernement au rang d'une Ecole d'Agriculture; son enseignement serait constitué sur des bases analogues à celui qui est donné à Grignon, et il pourrait y être établi des bourses et des demi-bourses que la ville accorderait aux enfants des cultivateurs qui ne se trouveraient pas en état de payer la pension fixée.

Nos lecteurs ont déja deviné quelles sont nos idées au sujet de l'emploi du capital légué à la ville d'Annonay.

Il doit être entièrement consacré à l'acquisition dans les environs et à peu de distance d'Annonay, d'une belle propriété qui portera le nom de FERME et plus tard D'ÉCOLE MALLEVAL.

Dans notre opinion, les revenus devraient dans le principe, être divisés en trois parties égales qui seraient employées, — la première comme fonds de roulement pour faire marcher l'exploitation, — la seconde pour faire des améliorations à la propriété, — et la troisième pour faire des distributions en nature, aux gens les plus pauvres de la population de la ville d'Annonay : — car nous ne devons pas oublier que c'est spécialement dans son intérêt que le legs a été institué. Par les améliorations de toute espéce que la propriété recevrait, l'allocation des pauvres s'accroîtrait progressivement, d'autant plus qu'au bout d'un certain laps de temps, on pourrait diminuer peu-à-peu la somme destinée à l'amélioration de la propriété, et reporter cette réduction sur la somme destinée au soulagement des infortunés qui doivent exciter toute notre sollicitude.

Les renseignements de détail que nous avons recueillis, nous ont démontré qu'il est bien peu de villes où la population aisée soit autant qu'à Annonay, disposée à venir en aide à la misère publique. — Néanmoins, malgré les ressources de l'Hôpital, les secours d'un clergé aussi actif qu'intelligent, malgré les dons volontaires des particuliers, il existe des malheureux en assez grand nombre, qui manquent des objets de première nécessité. — C'est cette lacune que viendraient combler les distributions provenant du tiers du revenu de la FERME MALLEVAL.

Tous les individus valides, mais se trouvant sans ressources, et sans moyens efficaces de gagner honnêtement leur existence, seraient desuite enrôlés parmi les ouvriers destinés aux travaux de la ferme : les vieillards, les femmes et les enfants seraient employés aux travaux accessoires moins pénibles.

L'administration générale de la FERME MALLEVAL, serait entre les mains d'un conseil supérieur, composé d'un certain nombre d'hommes d'une expérience consommée et d'une capacité éprouvée, propriétaires dans le pays, dont les fonctions seraient entièrement gratuites, et qui seraient nommés pour un certain temps, par le conseil municipal.

Quand à l'administration directe de la ferme, elle serait confiée à un régisseur rétribué, soumis au contrôle immédiat du conseil supérieur qui s'assemblerait une fois par semaine à l'Hôtel-de-Villle.

Les diverses améliorations dont la ville d'Annonay nous parait susceptible dans l'avenir, selon l'importance des ressources dont elle pourra disposer, et des secours qui pourront être obtenus pour elle, réclament simultanément le concours éclairé de l'Administration Municipale, du Conseil général du département et l'appui efficace de l'Administration supérieure.

Voici donc un vaste champ ouvert à l'activité du Député, qui, aux prochaines élections, sera appelé par la confiance des habitants d'Annonay, à l'honneur de les représenter à la chambre. L'importance des intérêts qu'il sera chargé de défendre, augmentera sans doute les difficultés de la tâche qui lui sera imposée ; mais, si ses efforts sont couronnés de succès, il acquerra de glorieux titres à l'estime et à la reconnaissance de ses concitoyens, et verra proclamer son nom comme celui du bienfaiteur de sa patrie.

FIN.

Au moment de mettre sous presse, nous recevons de M. Frédéric REY, Maire de la commune de Peaugres, la lettre suivante, relative à l'une des principales routes du département de l'Ardèche : elle vient confirmer de tous points plusieurs de nos assertions ; — nous ne croyons donc pouvoir mieux faire que de la transcrire ici textuellement.

Peaugres, le 11 Juin 1846.

A Monsieur C. A. de CHALLAYE.

Monsieur.

Je viens d'apprendre indirectement que vous vous proposez de publier sous peu de jours un travail dans lequel vous traitez de diverses améliorations qui intéressent notre département. Je vous prierais donc de vouloir bien appeler l'attention de l'administration supérieure sur l'état dans lequel se trouve la route royale n° 86, dans la portion qui traverse le canton de Serrières : dans certains endroits, son parcours est impraticable et spécialement à Peyraud et à l'entrée de Champagne, où sur une étendue de plus de deux cents mètres, c'est le lit d'un petit ruisseau qui forme la route. En hiver, ce passage est complètement intercepté pour les voitures par une nappe de glace. — Il n'y a pas encore deux ans qu'un Régiment d'Artillerie se rendant de Toulouse à Metz, éprouva les plus grandes difficultés pour arriver jusqu'à Serrières, et ses Chefs adressèrent même au Gouvernement de vives réclamations, afin que les Régiments de leur arme ne fussent pas soumis au même itinéraire.

Cependant, Monsieur, la Route royale n° 86 de Lyon à Beaucaire, ne présente dans son parcours que quelques petites lacunes, qui, une fois rectifiées, la convertiraient en une des plus belles voies de communication de la France.

Recevez, Monsieur, etc.

Signé F. REY,

Maire de la commune de Peaugres.

En remerciant sincèrement M. F. REY, nous prions MM. les Maires des autres communes du département de vouloir bien imiter son exemple, et de porter à notre connaissance les améliorations qui pourraient intéresser leurs localités; — ces renseignements nous permettront de traiter avec tous les détails nécessaires, dans un nouveau travail que nous nous proposons de publier prochainement, la question des voies de communication dans les provinces du midi de la France.

www.ingramcontent.com/pod-product-compliance
Lightning Source LLC
Chambersburg PA
CBHW070707050426
42451CB00008B/532